AF227225

48

Lb 621.

LE PLUS BEAU BOUQUET

DU ROI.

IMPRIMERIE DE FAIN, PLACE DE L'ODÉON.

LE PLUS BEAU BOUQUET

DU ROI,

OU

TREIZE MOIS DE SES TRAVAUX;

Par C.-A. CHAMBELLAND;

COMTE PALATIN, CHEVALIER DES ORDRES DE L'ÉPERON D'OR,
ET DE SAINT-JEAN-DE-LA-TRAN.

BIBLIOTHÈQUE ROYALE

PARIS,

DE L'IMPRIMERIE DE FAIN,

RUE DE RACINE, N°. 4, PLACE DE L'ODÉON.

25 Août 1816.

A Monsieur,

Le Comte de CAUMONT,

Lieutenant-Général des Armées du Roi, Commandeur de l'ordre Royal et Militaire de Saint-Louis.

MONSIEUR LE COMTE,

Tout écrit tendant à ranimer dans le cœur des Français l'amour pour le fils de Henri IV, pour le meilleur des rois, ne peut manquer de vous être agréable.

J'ai peint, dans un cadre trop étroit, peut-être, les bienfaits de Louis XVIII et ses nobles travaux, depuis son retour de la Belgique; j'ose vous faire hommage de ce fruit du zèle plus que du talent.

A qui pouvais-je dédier plus justement mon faible ouvrage, qu'au fidèle compagnon des infortunes de la famille royale?

Si vous ne le trouvez pas trop au-dessous du sujet, si vous y reconnaissez le dévouement d'un Français digne de porter ce nom, j'aurai atteint mon but.

Je suis avec respect,

Monsieur le Comte,

Votre très-humble et très-obéissant serviteur,

CHAMBELLAND, comte Palatin, chevalier des ordres de l'Éperon d'or et de Saint-Jean-de-Latran.

LE PLUS BEAU BOUQUET

DU ROI.

Qu'offrir au meilleur des rois? Nos parterres ne portent point assez de fleurs pour lui payer le tribut de notre amour! Chaque Français cherche à lui prouver sa reconnaissance et le désir de voir son règne se prolonger au-delà du terme ordinaire de la vie humaine ; chaque famille veut fêter un père dans le chef de l'État! Moi aussi j'acquitterai ma dette! et tandis que de toutes parts l'encens fumera pour lui, tandis que la dépouille de nos jardins jonchera les degrés de son palais , je ferai le récit de ses nobles, de ses utiles travaux. Quel plus beau bouquet à donner au plus aimé des souverains, que le tableau de ses bienfaits!

Je pourrais peindre notre Monarque retiré chez une nation voisine et hospitalière, s'occupant de ramener la paix et le bonheur au milieu de nous; et d'apaiser la colère des rois, irrités de l'entreprise la plus audacieuse, la plus criminelle, et d'une trahison dont les annales des peuples ne présentaient point encore d'exemple. Je pourrais le montrer entouré de l'amour et du respect des habitans de la Belgique, qui s'efforçaient d'adoucir, par leurs hommages et leurs vœux, la douleur que lui causait un exil d'autant plus pénible, qu'il le privait du plaisir de travailler au bien intérieur de la France. Mais je détourne mes regards de ces jours de deuil et de misère, et je me hâte d'arriver à l'époque de son retour et de notre délivrance.

C'est un spectacle digne de l'attention de l'observateur, que celui offert par la France à l'Europe entière, pendant les treize mois qui viennent de s'écouler. Au 8 juillet 1815, un peuple malheureux et comprimé, brisant des fers qu'il supportait impatiemment, prouva qu'en vain on avait abusé de son nom pour asseoir sur un trône usurpé un homme mis hors la loi des nations civilisées. Il rompit toutes les barrières que la rébellion, l'intrigue, la crainte du châtiment réservé aux grands coupables, avaient multipliées entre les sujets fidèles et le prince légitime, et cent mille bras se tendirent vers le Monarque Désiré, qui fit pour la seconde fois une entrée triomphante dans sa capitale.

Mais au milieu des démonstrations de la joie publique, et du dévouement des Français, il s'élevait des voix criminelles, qui osaient répéter les blaphèmes dont Paris n'avait cessé de retentir pendant trois mois, d'horrible mémoire : la tempête durait encore, la foudre s'éloignait en grondant, et l'on pouvait craindre que de nouveaux nuages n'obscurcissent l'horizon.

Le Roi reprit les rênes du gouvernement. En rentrant dans son palais, sa présence n'éloigna pas tous les élémens impurs, tous les restes des factions ; la nécessité, l'impérieuse nécessité fit taire les cris de l'indignation, et oublier un instant le besoin de traiter chacun selon ses mérites. Il fallait transiger avec des hommes dont la corruption et la perversité étaient trop redoutables, et faire à la tranquilité du royaume le sacrifice le plus coûteux sans doute, celui de la justice distributive.

Qu'on se reporte à cette époque, qui sera un éternel titre de gloire pour Louis XVIII, on verra si jamais prince s'est trouvé dans une position plus critique ; on appréciera son habileté, sa courageuse et héroïque résignation aux maux qu'il n'avait pas la puissance de faire cesser : on reconnaîtra son coup d'œil vif et pénétrant, qui embrassait dans le lointain l'aurore d'une amélioration immanquable, et on admirera l'art avec lequel il a atteint ce but désiré de toute la France. Que de peines, que de soins, que d'adresse, pour se dégager des chaînes dont on voulait l'environner, sous le spécieux prétexte de maintenir une harmonie, qui n'était autre chose que l'assurance de l'impunité pour les plus grands coupables ! et l'on avouera que la sagesse humaine ne pourrait pas aller plus loin.

Quelles épines entouraient la couronne de notre Monarque, de notre Père ! A la contrainte douloureuse dans laquelle le retenait la despotique raison d'état, à l'obligation d'approcher de sa personne des êtres indignes de son auguste présence, à l'impossibilité de récompenser ses fidèles sujets, se joignaient de vives inquiétudes sur les dispositions de l'étranger, et un chagrin bien amer, produit par l'aspect des souffrances de ses peuples.

Couvrant une seconde fois de leurs nombreuses armées le territoire français, les alliés voulaient se faire payer le sang qu'ils avaient répandu, les trésors qu'ils avaient dissipés pour nous ramener sous l'autorité légitime, et nous forcer à respecter à l'avenir l'indépendance de l'Europe. Qu'il était cruel, qu'il était affreux pour un Roi dont la prévoyance et la sage économie nous avaient donné, quelques jours avant le 20 mars 1815, la presque-certitude de fermer dans peu d'années le gouffre épouvantable d'un *déficit* creusé par le système insensé d'une guerre perpétuelle; qu'il était affreux, je le répète, de voir cette plaie de l'état se rouvrir plus profondément, ou de craindre la perte d'une portion de l'héritage de Louis XIV!

Jusqu'à un certain point, les prétentions des gouvernemens alliés n'étaient point contraires aux règles de l'équité la plus stricte ; car l'Europe, qui aux premières fois s'était montrée si généreuse, l'Europe que nous avions attaquée dans les champs de la Belgique, n'était cependant point obligée de s'épuiser en hommes et en argent, pour nous faire rentrer de nouveau dans l'ordre et dans le devoir; mais ces prétentions n'en étaient pas moins embarrassantes pour Louis XVIII, qui aurait voulu exempter ses sujets, même fautifs, du tribut qu'on allait leur imposer.

Que d'efforts, que de patience, que de dextérité n'a-t-il pas fallu pour diminuer le poids de ce fardeau, pour faire réduire les premières demandes, et les proportionner, autant que possible, à nos ressources financières, déjà si affaiblies ! Dans quel dédale inextricable le Roi paraissait engagé ! D'un côté les étrangers manifestaient une détermination irrévocable, et tous les jours ils devenaient plus pressans ; retarder de répondre à leurs désirs, c'était prolonger leur séjour sur toute la surface de la France, la misère des départemens, et l'agonie du crédit public : de l'autre, les ennemis secrets du trône, tout en affectant une indignation exagérée contre les propositions des alliés, se réjouissaient intérieurement de la gêne où elles plaçaient le chef de l'état ; et, se servant de ce moyen pour aigrir les passions populaires, ils faisaient entendre les mots de *résistance* et de *soulèvement*, c'est-à-dire qu'ils donnaient le signal de la désolation, et provoquaient l'anéantissement du corps social.

Dans le cœur de la France, une armée égarée, furieuse, et dont la dissolution n'était point aisée, fournissait aux puissances un juste motif d'inquiétude, et le prétexte d'augmenter la masse des troupes qu'elles voulaient conserver sur notre sol. Le Roi sentait la nécessité de licencier les corps militaires, pour les réformer sur un autre plan, et dans d'autres cadres ; mais il mesurait toute l'étendue de la difficulté. En même temps il pourrait se servir de la réunion imposante de ces gens de guerre, pour montrer aux alliés qu'il restait encore des soldats parmi nous, et pour faire observer qu'il était dangereux de plonger au désespoir une nation entière, en la pressurant trop, et en lui enlevant ses derniers moyens d'existence. Quelle perplexité! et qu'ils seraient ingrats ceux qui oublieraient ce qu'il en a coûté de veilles à léur prince.

On trouvait bien quelques motifs de consolation, d'espérance et de sécurité dans la prochaine ouverture des deux chambres. Le choix des députés donnait une garantie que la France n'avait point encore rencontrée dans toutes les assemblées législatives, qui s'étaient trop fréquemment succédées depuis vingt-cinq ans ; et l'on ne doutait pas de leur empressement à seconder le Roi. On connaissait la résolution qu'ils avaient prise de fortifier les fondemens du trône, et d'en affermir les bases sur la charte constitutionnelle ; mais on pensait qu'une lutte terrible allait s'engager entre eux et un ministre que l'opinion publique repoussait; et l'issue qu'elle devait avoir, donnait quelques anxiétés. Prévenant le vœu des députés et des pairs, la sagesse du Roi sut obvier à tout : il appela dans ses conseils une réunion d'hommes qui se trouvaient entourés de la considération générale, doués d'une capacité égale à la gravité des matières qu'ils avaient à traiter, et dont la moralité, l'attachement aux principes, et le dévouement à sa personne, n'étaient point suspects.

On applaudit surtout à la nomination d'un ministre dont le nom rappelle de grandes occupations politiques, et le raffermissement de l'autorité royale, ébranlée jadis par des guerres et des commotions intestines. Étranger à tous les partis, pur comme l'honneur qui fut toujours le guide de ses ancêtres, le président du conseil entendit la capitale e^t les départemens applaudir au choix du Monarque. Les puissances, qui, tout en désirant se voir indemniser de leurs avances et de leurs pertes, étaient et seront toujours pénétrées de cette idée salutaire, que la prospérité de la France, son indépendance, et la conservation de l'intégrité de son territoire, sont nécessairement essentielles au repos de l'Europe, féliciteront sincèrement les Français sur cet heureux événement. La considération personnelle dont jouit l'illustre ministre, près d'un des plus grands potentats du monde, contribua à un rapprochement, qui fut bientôt suivi d'un traité désiré depuis long-temps.

Certes, on aurait voulu des conditions moins onéreuses; mais elles auraient pû l'être davantage. Sachons donc gré au prince et aux habiles conseillers à qui nous devons cette allégeance. Les alliés s'apprêtèrent à sortir de l'intérieur du royaume, et les peuples commencèrent à respirer. O vous qui vous irritiez à chaque paiement des contributions stipulées dans le traité du mois de novembre, dirigez tous les traits de votre colère contre les méchans, les perfides qui ont ramené l'usurpateur! Sans le fatal vingt mars, nos coffres se videraient-ils tous les trente jours? Répondez !

Mais portons nos regards sur des objets plus flatteurs, et voyons, depuis ce renouvellement ministériel, marcher à grands pas la régénération de toutes les parties du gouvernement.

Quel beau spectacle présenta l'ouverture des chambres, et leurs communications avec le Roi ! C'était un père entouré de ses enfans, qui allaient au-devant de ses désirs, et dont le zèle et l'amour, loin d'avoir besoin d'être excités, demandaient, au contraire, à être restreints dans des bornes plus sagement circonscrites.

Dans la chambre des députés, à celle des pairs, une différence dans la manière de servir le trône, de consolider les bases de la charte constitutionnelle, se fit remarquer, il est vrai; mais les intentions étaient également bonnes, et bientôt tous les sentimens se sont confondus dans un seul, quand il s'est agi de montrer fidélité au monarque, haine aux factieux, et respect à la loi fondamentale de l'état.

C'est dans ce moment que nous avons vu s'établir, sans bruit, sans froissement, sans déviation de la ligne tracée par la charte, la puissance ministérielle, les devoirs et les engagemens qui s'ensuivent; c'est alors que nous avons reconnu l'existence de cette belle distinction de pouvoirs établie par notre constitution; et cette responsabilité des ministres qui s'allie si bien avec la force, la dignité, l'inviolabilité du trône, les prérogatives des pairs, les droits des députés, et la liberté des peuples, quand les ministres veulent l'interpréter sainement, n'en faire que l'usage indiqué par la charte, et ne point trouver un prétexte pour mettre leurs volontés à la place de celle du Monarque, ou pour former une barrière impénétrable entre lui et ses sujets.

Mais, au milieu de ces motifs d'espérance et

de joie, la lie des factions était encore remuée, et répandait sur toute la surface du royaume des exhalaisons capables de produire de nouvelles tempêtes. Les cris de la sédition étaient poussés jusque sous les fenêtres d'un Roi trop clément, et l'audace des agitateurs augmentait chaque jour. Une loi de répression fut proposée; elle portait l'empreinte de cette indulgence qui caractérise le fils de Henri IV. Les chambres mirent plus de sévérité, et cet acte de législation pénale ne fut point inutile.

Pourtant, il était à craindre que le zèle outré, le désir de signaler son amour pour le Roi, l'esprit de réaction, disons plus, les vengeances particulières, n'abusassent de la latitude que leur offrait cette loi, pour se satisfaire. La prudence d'un ministre, qui ne fit que seconder les intentions d'un souverain, dissipa d'avance les appréhensions assez justes que l'on aurait pu concevoir à cet égard; et l'expérience de huit mois a confirmé l'opinion que les hommes sages prirent de cette mesure (*).

(*) Les instructions de M. le comte de Cazes, ministre de la police, sont un modèle de raison et de justice. Puisque je prononce le nom de ce conservateur de l'ordre public, je dois rendre hommage à l'esprit de modération qui le conduit constamment. M. le comte de Cazes

La surveillance et la police contre les per-
turbateurs une fois établies, tout invitait le
Roi à recomposer l'armée, sans laquelle un
État comme la France ne peut point avoir
de sûreté intérieure ni de considération exté-
rieure.

Nommer M. le duc de Feltre, rappeler qu'il
fut chargé de cette opération difficile, c'est an-
noncer qu'à l'intelligence se joignit l'ardeur la
plus noble, pour arriver à ce but important.

Qu'il me soit permis de renouveler dans
cette circonstance l'expression de l'estime publique pour ce guerrier loyal et courageux,
qui suivit la fortune du Roi, quand la trahison
le contraignit à l'exil, qui ne désespéra point
du salut de la monarchie, et qui se trouve inatta-
quable, quand la calomnie cherche à ternir les
plus brillantes renommées.

Ce miracle, d'une réorganisation prompte et
combinée avec l'économie la plus sévère, s'est
opéré sous nos yeux. Les départemens s'éton-
nent à la vue des légions toujours croissantes,
et en sentent l'utilité pour le maintien de
l'ordre, et la capitale ne se lasse point d'admi-

n'a pas toujours obtenu l'approbation des hommes ex-
trêmes ; c'est tout simple, il suit un chemin si opposé.

rer une garde qui fait la splendeur, la force du trône, le désespoir et l'effroi des factions. Les témoignages de la reconnaissance universelle ne s'arrêteront pas à M. le duc de Feltre; il les partagera avec M. le vicomte de Tabarié, déjà bien récompensé par les éloges que Sa Majesté a donnés à ses travaux : on ne réunit pas toujours les suffrages du maître et des sujets; cet honneur était réservé aux hommes laborieux qui, en cinq mois, ont rendu l'existence à l'armée française.

Mais seraient-ils parvenus aussi rapidement à remplir les intentions du Roi, si un de nos premiers braves, si un général, digne de coopérer à cette œuvre de salut, n'y eût pas apporté et son activité et son influence? (On entend que je veux parler de M. le duc de Tarente) Il a pu effectuer le licenciement de l'armée de la Loire, sans violence, sans secousses, sans tumulte! Les habitans des deux rives de la Loire ne prononcent le nom de Macdonald qu'avec vénération, et Bourges en conserve un éternel souvenir : on ne pourrait qu'affaiblir cet éloge en voulant y ajouter.

Et tous ces prodiges s'opéraient d'après les instructions de Louis XVIII! Présent à tout par la pensée et par le conseil, ce prince sage a su diriger, de son cabinet, les opérations les plus compliquées, et surmonter des obstacles qui paraissaient invincibles (*).

Tandis que du château des Tuileries il sortait chaque jour des ordres qui portaient dans les provinces le calme auquel elles aspiraient, les députés et les pairs travaillaient sans relâche à reconstruire l'édifice social.

Les finances, cette base fondamentale des gouvernemens modernes, attiraient toute l'attention des chambres; et, si on les vit un instant différer d'opinion avec le ministre chargé de cette terrible et délicate gestion, on ne peut s'empêcher d'admirer le sacrifice qu'il fit de ses plans et de son système à l'émission du vœu des députés, qui ont dû apprécier cet acte un peu rare dans les annales des gouvernemens représentatifs, et lui savoir gré d'avoir préféré le bien de l'État à toute considération personnelle.

- Combien il en a dû coûter au cœur de Louis XVIII de nous faire présenter le budget

____

(*) Louis XVIII, donnant de son fauteuil le mouvement et la vie à toutes les parties de l'administration, rappelle Charles-le-Sage, qui, sans paraître à la tête de ses armées, rétablit les affaires de la France, si désespérées par suite des imprudences du roi Jean.

de cette année! L'abandon de plus d'un tiers de la liste civile fait au profit de la guerre, prouve avec quel plaisir il aurait rendu le fardeau moins pesant. Mais, grâce à son économie, nous marchons chaque jour vers le terme de nos maux.

L'observateur n'a pas oublié l'intérêt que lui ont offert fréquemment les discussions sur cette loi bursale. Abstraction faite des charges pécuniaires, il a remarqué, avec satisfaction, une noble rivalité entre les députés, dans la manière d'aimer et de servir le Roi ; on s'est souvent disputé sur la forme, toujours on s'est montré d'accord sur le fond. Qu'ils frémissent donc les ennemis de notre repos! les chambres n'ont qu'un but, qu'une pensée, l'affermissement de la dynastie légitime. Mais ce qui surtout a frappé l'homme qui réfléchit, c'est le développement de talens (*) jusqu'alors peu connus, et qui ont subitement brillé avec éclat. Nous avons fait, dans les orateurs des

(*) Qui n'a point admiré parmi les députés la facile élocution des Vilole, des Corbières, des Hyde de Neuville, et de tant d'autres! Qui n'a point entendu avec une vive satisfaction les expressions du plus ardent amour pour le roi et la monarchie, sortir de la bouche éloquente des Brenet, des Bellart!

deux chambres, des acquisitions précieuses pour le roi et pour la patrie. La France, en législation, ou finances, ou administration, nous présente des hommes capables d'inspirer à la nation une juste confiance (*).

Mais ce n'était pas tout que de couvrir dans ce moment les dépenses du trésor; il fallait penser à l'avenir, et ne point léguer à nos descendans des dettes énormes, la misère et les discordes qui s'en suivent. Notre Roi, qui veut influer jusque sur le bonheur de nos enfans, a posé la base d'un édifice consacré à réparer tous les maux que cent jours de délire ont amoncelés sur nous. Je signale assez la caisse d'amortissement; conception qui suffirait pour rendre Louis XVIII digne du respect des géné-

(*) Dans les discussions financières, M. de Barante a fait preuve d'expérience, et d'une sagacité peu commune, et plusieurs de ses collègues n'ont pas montré moins d'habitude de traiter les matières arides et difficiles. En législation, on a distingué souvent M. Pasquier, qui a rencontré des antagonistes non moins exercés et aussi profonds. De ces chocs heureux, la lumière a jailli, et le bien public y a gagné. Tant mieux, si la loi en naissant est précédée de vifs débats, elle n'en est que meilleure et plus sainement comprise; avec des intentions pures de part et d'autre, de telles divisions sont sans danger.

rations futures; si tant d'autres actions ne lui assuraient pas les louanges de la postérité.

A tant de bienfaits il fallait joindre des encouragemens aux institutions les plus utiles, et destinées à entretenir la morale, le goût des lettres, et dans toutes classes : le Roi y a pourvu. L'éducation a été améliorée, et des hommes studieux et capables s'occupent sans relâche des moyens de rendre à l'université cette antique gloire dont elle fut si long-temps jalouse, en rassemblant, par une opération prudente et bien calculée, les débris de la fille aînée de nos rois, pour les joindre au nouvel édifice élevé depuis la révolution, et qu'on ne pourrait détruire sans nuire à l'avancement des sciences, sans se trouver bientôt au-dessous du point de perfection où sont déjà parvenues les nations voisines.

Les intérêts sacrés de la religion n'ont point été oubliés. Le sort du clergé est devenu moins fâcheux. Mais au milieu de ses libéralités, notre prince s'est encore montré avare du bien de ses peuples, il a mis des bornes à sa générosité. Poussée par le plus noble des motifs, la chambre des députés aurait voulu davantage. Pourquoi le malheur des temps n'a-t-il pas permis que ces vœux fussent entièrement remplis !

Mais un jour viendra où les ministres des autels recevront la juste indemnité qui leur est due, et toute la France y applaudira. Oui, pénétrons-nous bien de cette vérité importante, que sans la religion point de paix dans la société, et qu'une religion, dont les ministres ne jouissent pas de la noble indépendance qui seule donne la considération, n'inspire bientôt plus de respect à la multitude.

Quoi qu'il en soit, n'oublions jamais les discours que ces discussions solennelles ont fait entendre au sein des deux chambres. Ils seront mis au nombre des modèles de l'éloquence française, et ne seront pas les moindres titres de gloire de ceux qui les ont prononcés (*).

A tant de bienfaits de notre Roi, ajoutons celui d'avoir cédé aux instances de tout son peuple, en purgeant la France des monstres qui ont trempé leurs mains dans le sang de Louis XVI;

(*) MM. de Montesquiou et de Châteaubriant ont fait voir que deux routes différentes étaient ouvertes pour arriver au même point, le sublime de l'éloquence. Puis-je parler de M. de Châteaubriant, sans féliciter la nation de compter au nombre de ses pairs l'écrivain ingénieux, le penseur, le publiciste, l'homme d'état, dont tous les peuples de l'Europe s'empressent de s'approprier les ouvrages, en les traduisant.

d'avoir armé son cœur d'assez de sévérité pour laisser le glaive de la loi frapper les traîtres et les conspirateurs , et d'avoir enfin montré que sa bonté s'arrête là où il faut poursuivre le crime.

Mais tirons un voile sur ces actes d'une rigueur indispensable, et voyons Louis XVIII répandre sur les Français de nouvelles faveurs.

L'avancement dans l'armée, ouvert à toutes les classes ; des pensions assurées aux militaires mutilés ; des moyens d'existence procurés aux femmes , aux veuves des défenseurs de l'État , ne signalent-ils pas les sentimens d'un tendre père pour ses enfans ?

Dans le civil, une épuration, qui ne passe point les bornes posées par le besoin de se mettre en garde contre de nouvelles trames ; la recomposition des tribunaux, aujourd'hui peuplés d'hommes intègres ; la nomination d'administrateurs, qui ne seront plus les tyrans des administrés, voilà des gages d'une continuelle sollicitude pour le bien général.

Des encouragemens donnés aux arts , cent tableaux commandés, vingt statues prêtes à sortir du ciseau ; l'École française, qui reprend ses droits, et va décorer notre musée national ; des pensions, des distinctions accordées aux peintres, aux sculpteurs, aux poëtes, aux historiens, aux savans en tous genres; et la plupart de ces gratifications, prises sur l'épargne même du Monarque, que de titres à la reconnaissance !

Des édifices immenses, qui s'achèvent, ou qui sortent de terre; des voies nouvelles, ouvertes au commerce; nos ports libres, nos colonies rendues, nos relations avec les quatre parties du monde rétablies, tels sont les fruits des veilles de Louis XVIII, depuis le 8 juillet 1815. Quel roi pourrait se flatter d'avoir fait plus !

Et, pour ne rien laisser au hasard, pour éviter des secousses que le défaut d'un héritier du trône pourrait amener un jour, ce Monarque vigilant a voulu, par la plus heureuse alliance, dissiper toutes nos craintes à cet égard. Remercions-le doublement d'avoir assuré notre tranquillité future, et d'avoir ajouté à notre grande famille une princesse qui a su s'attirer tous les cœurs !

Français, jugez par l'espace de treize mois, de ce qu'aurait fait votre Prince, et de l'état de prospérité où serait notre beau royaume (*),

(*) On ne saurait trop employer ce mot de *royaume*. Quelque temps avant la révolution, les novateurs, qui

sans la journée du vingt mars ! jugez, par ce tableau véridique, de ses travaux à venir !

Et comment la confiance ne renaîtrait-elle pas, quand on voit Louis XVIII secondé par des hommes dont les lumières, les opinions, sont la garantie de constans efforts pour fonder notre bonheur !

Qu'il me pardonne, ce ministre, que Bordeaux s'honore d'avoir vu naître, ce courageux mandataire du peuple, qui fit pâlir le moderne Attila, qui se dévoua tout entier au salut de la fille de Louis XVI, et que la chambre des Députés vit avec orgueil à sa tête ; qu'il me pardonne, si je le proclame hautement comme une des plus solides colonnes du trône ! et que l'on ne croie pas qu'une basse adulation guide ici ma plume ; un sentiment plus noble me dirige.

Ce n'est point assez pour un vrai royaliste de célébrer les vertus du Roi ; il doit encore apprendre au peuple que les conseillers, les ministres du Prince, que tous ceux qu'il a choisis,

tendaient à détruire toutes les anciennes idées, affectaenit de ne le prononcer jamais ; ils écrivaient l'état, l'empire, la patrie ; nos ancêtres, qui aimaient, qui servaient bien leur prince, disaient toujours le *royaume*. Ils ne se qualifiaient pas du nom de citoyens, mais de sujets du roi.

et à qui il donne sa confiance, sont les plus fermes appuis de son autorité. Quelle erreur que de croire servir le Roi, en dépréciant les opérations ministérielles! Le peuple sait que son chef ne peut pas tout par lui-même; il faut donc qu'il estime, qu'il aime ses principaux agens; et c'est une obligation sacrée que de lui faire connaître les talens et les vertus de ceux dans qui l'on en trouve, sans avoir besoin de recourir à la fiction et à la flatterie.

Mais, dans les travaux de Louis XVIII, ne compterai-je pas cette efficace protection dont il a couvert la Garde Nationale du royaume, et particulièrement de la capitale, et l'heureuse direction qu'il a su donner à l'élan des sujets de toutes les classes! Habitans des provinces, gardes nationaux de toute la France, quand le Roi vous donne pour chef son frère bien aimé, le premier et le plus noble de ses sujets, ne vous a-t-il pas donné la mesure de tout son amour! Et vous, Parisiens, quand votre prince mit à la tête de vos bataillons l'intrépide maréchal qui vous commande, n'était-ce pas vous récompenser, et vous dire qu'il ne pouvait payer votre fidélité, qu'en vous donnant pour guide le modèle des fidèles et des braves!

Demain tout le royaume enviera votre bonheur; demain vous saluerez le meilleur des rois : qu'il sera doux le spectacle dont vous jouirez ! vous le verrez entouré des représentans de tous les souverains de l'Europe. La fête de Louis XVIII sera vraiment la fête de la grande famille; celle des peuples civilisés.

J'ai rempli ma tâche, j'ai esquissé, trop faiblement peut-être, le tableau des royales œuvres du fils de Henri IV; mais, que je force un seul des détracteurs de ce bon prince à convenir qu'il serait difficile de faire plus pour la félicité de la France, je serai satisfait.

FIN.

www.ingramcontent.com/pod-product-compliance
Lightning Source LLC
Chambersburg PA
CBHW071420030726
47594CB00006B/2510